yukismart.com/b/653446
AF364835
1
2

pomme

elma

banane

muz

poire

armut

cerise

kiraz

citron vert

misket limonu

citron

limon

coing

ayva

kiwi

kivi

raisins

üzüm

pastèque

karpuz

orange

portakal

clémentine

klemantin mandalina

fraise

çilek

framboise

ahududu

canneberge

kızılcık

myrtille

yaban mersini

groseille

frenk üzümü

mûre

böğürtlen

jus

meyve suyu

confiture

reçel

tartine

kızarmış ekmek

pamplemousse

greyfurt

melon

kavun

pomelo

pomelo

kumquat

kamkat

mirabelle

mirabelle eriği

pêche

şeftali

abricot

kayısı

prune

erik

ananas

ananas

grenade

nar

olive

zeytin

figue

incir

date

hurma

avocat

avokado

litchi

liçi

kaki

trabzon hurması

carambole

yıldız meyvesi

mangue

mango

ramboutan

rambutan

longane

longan

langsat

langsat

mangoustan

mangostan

jacquier

jak meyvesi

sapotille

sapodilla

goyave

guava

jujube

hünnap

durian

durian meyvesi

corossol

tarçınelması

papaye

papaya

fruit du dragon

ejder meyvesi

noix de coco

hindistan cevizi

cacao

kakao

chocolat

çikolata

pomme de terre

patates

maïs

mısır

patate douce

tatlı patates

citrouille

bal kabağı

butternut

butternut kabağı

manioc

manyok

carotte

havuç

tomate

domates

champignon

mantar

brocoli

brokoli

asperges

kuşkonmaz

artichaut

enginar

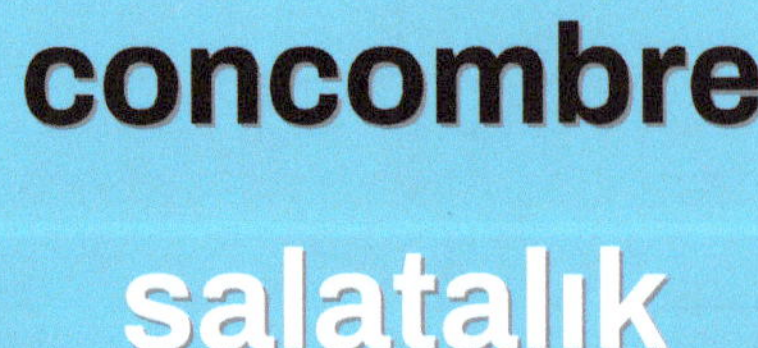

concombre

salatalık

épinard

ıspanak

chou-fleur

karnabahar

courgette

kabak

salade

marul

chou

lahana

aubergine

patlıcan

navet

şalgam

radis

turp

betterave

pancar

rhubarbe

ravent

chou de Bruxelles

Brüksel lahanası

poireau

pırasa

menthe

nane

céleri-rave

kereviz

endive

hindiba

céleri

kereviz

petits pois

bezelye

pois chiches

nohut

haricot vert

taze fasulye

haricot rouge

kırmızı fasulye

haricot mungo

maş fasulyesi

fenouil

rezene

panais

yaban havucu

poivron

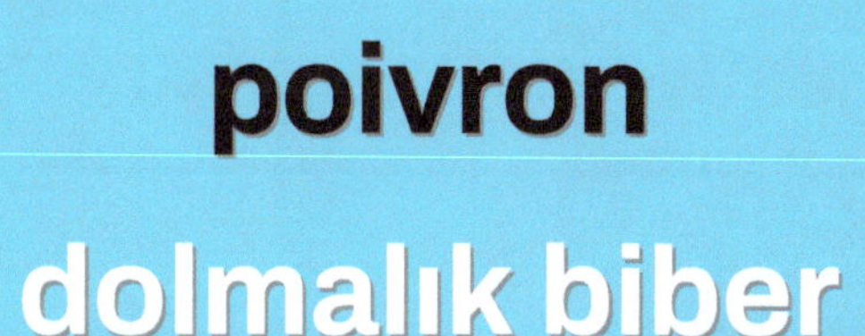

dolmalık biber

piment

acı biber

poivre

biber

oignon

soğan

ail

sarımsak

gingembre

zencefil

noix de macadamia

makademya fındığı

noix de pécan

pekan cevizi

noix de cajou

kaju fıstığı

noisettes

fındıklar

amande

badem

pistache

fıstık

cacahuète

yer fıstığı

châtaigne

kestane

noix

ceviz

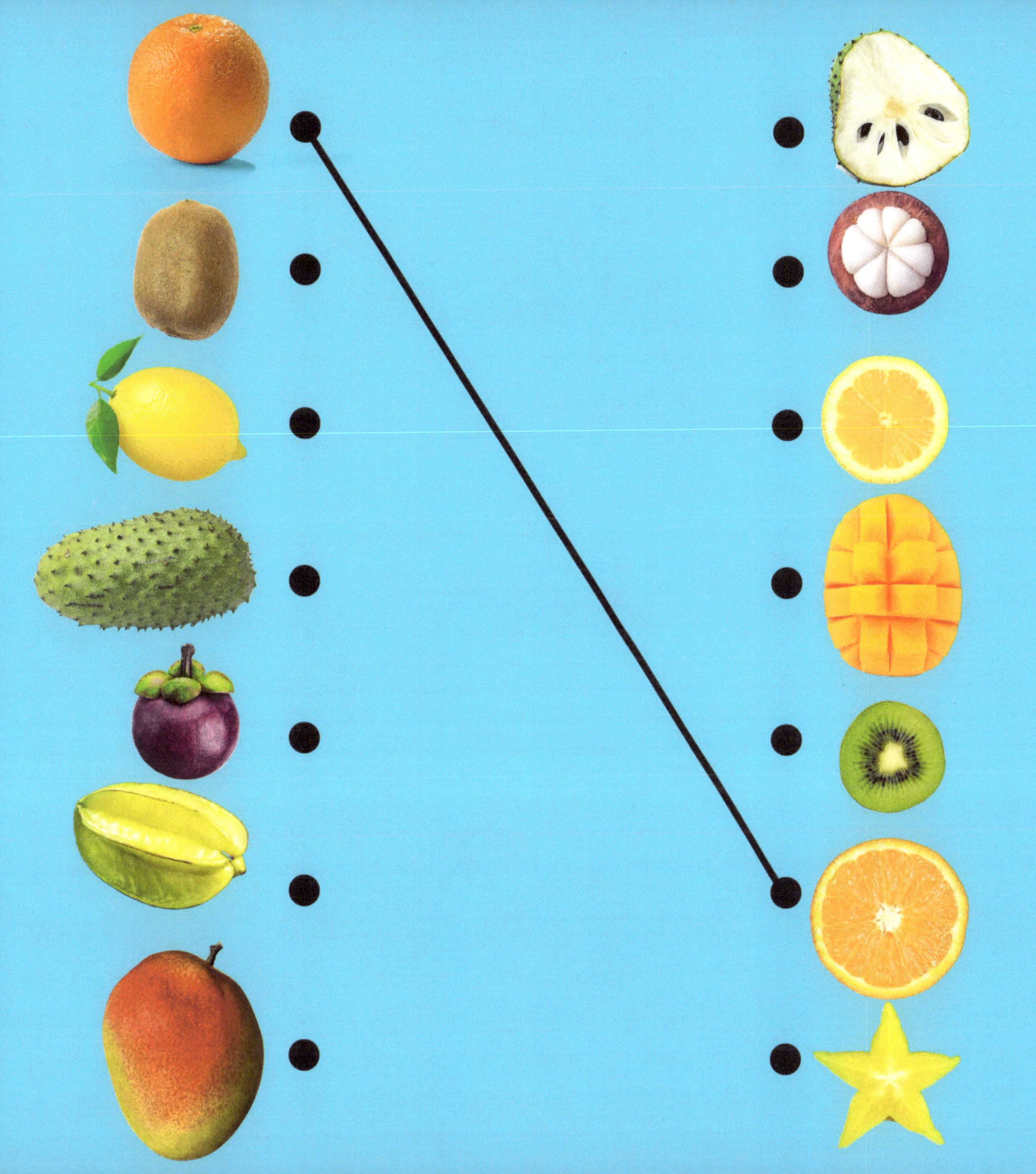

9 782384 128976